Todos los libros de Linkgua Ediciones cuentan con modelos de Inteligencia Artificial entrenados por hispanistas. Pregúntale al chat de tu libro lo que desees acerca de la obra o su autor/a.

Para ebooks: Accede a nuestro modelo de IA a través de este enlace.

Para libros impresos: Escanea el código QR de la portada con tu dispositivo móvil.

Obtén análisis detallados de nuestros libros, resúmenes, respuestas a tus preguntas y accede a nuestras ediciones críticas generativas para una experiencia de lectura más enriquecedora.
La transparencia y el respeto hacia la autoría de las fuentes utilizadas son distintivos básicos de nuestro proyecto. Por ello, las respuestas ofrecen, mediante un sistema de citas, las fuentes con las que han sido elaboradas.

Simón Bolívar

Carta de Jamaica

Barcelona 2024
Linkgua-ediciones.com

Créditos

Título original: Carta de Jamaica.

e-mail: info@linkgua.com

Diseño cubierta: Michel Mallard

ISBN rústica ilustrada: 978-84-9007-951-5.
ISBN ebook: 978-84-9816-342-1.

Sumario

Brevísima presentación

La vida

(Caracas, 24 julio 1783-Santa Marta, Colombia, 17 diciembre 1830). Simón Bolívar nació en una familia aristócrata y tuvo una excelente educación. Sus padres murieron cuando tenía nueve años. En 1799 viajó a España para estudiar, y en 1802 se casó con María Teresa Rodríguez del Toro y Alayza; quien murió un año después en Venezuela.

Bolívar vivió otra vez en Europa en 1804 y en Roma hizo el célebre juramento de no descansar hasta que América fuese libre.

A raíz de los acontecimientos del 19 de abril de 1810, Bolívar fue enviado a Inglaterra con Andrés Bello y Luis López Méndez en una misión diplomática para lograr el reconocimiento de la nación que habían fundado.

Tras la derrota de Miranda por las fuerzas realistas, Bolívar huyó a Cartagena desde donde regresó a Venezuela en 1813 y fue proclamado Libertador en Mérida. Allí hizo pública la «Guerra a muerte». En agosto tomó Caracas y empezó la segunda república.

En 1819 se creó el congreso de Angostura y se fundó la Gran Colombia (Venezuela, Colombia, Panamá y Ecuador) de la que fue nombrado presidente. En agosto de ese año ganó la Batalla de Boyacá y cruzó los Andes para liberar Perú, saliendo invicto junto a Sucre en la Batalla de Junín, el 6 de agosto de 1824.

Durante su estancia fuera de Venezuela lo apartaron del poder en medio de las rivalidades entre los caudillos. Murió en Colombia, en la ciudad de Santa Marta, el 17 de diciembre de 1830.

El programa

La *Carta de Jamaica* es un texto de referencia en el programa bolivariano de emancipación de América. Las referencias a México, Venezuela, Colombia, Perú y Cuba y las reflexiones sobre una futura federación americana fueron durante todo el siglo XIX una continua fuente de inspiración para el continente.

Carta de Jamaica

Muy señor mío: Me apresuro a contestar la carta de 29 del mes pasado que usted me hizo el honor de dirigirme, y yo recibí con la mayor satisfacción.

Sensible como debo, al interés que usted ha querido tomar por la suerte de mi patria, afligiéndose con ella por los tormentos que padece, desde su descubrimiento hasta estos últimos períodos, por parte de sus destructores los españoles, no siento menos el comprometimiento en que me ponen las solícitas demandas que usted me hace, sobre los objetos más importantes de la política americana. Así, me encuentro en un conflicto, entre el deseo de corresponder a la confianza con que usted me favorece, y el impedimento de satisfacerle, tanto por la falta de documentos y de libros, cuanto por los limitados conocimientos que poseo de un país tan inmenso, variado y desconocido como el Nuevo Mundo.

En mi opinión es imposible responder a las preguntas con que usted me ha honrado. El mismo barón de Humboldt, con su universalidad de conocimientos teóricos y prácticos, apenas lo haría con exactitud, porque aunque una parte de la estadística y revolución de América es conocida, me atrevo a asegurar que la mayor está cubierta de tinieblas y, por consecuencia, solo se pueden ofrecer conjeturas más o menos aproximadas, sobre todo en lo relativo a la suerte futura, y a los verdaderos proyectos de los americanos; pues cuantas combinaciones suministra la historia de las naciones, de otras tantas es susceptible la nuestra por sus posiciones físicas, por las vicisitudes de la guerra, y por los cálculos de la política.

Como me conceptúo obligado a prestar atención a la apreciable carta de usted, no menos que a sus filantrópicas miras, me animo a dirigir estas líneas, en las cuales ciertamente no hallará usted las ideas luminosas que desea, mas sí las ingenuas expresiones de mis pensamientos.

«Tres siglos ha —dice usted— que empezaron las barbaridades que los españoles cometieron en el grande hemisferio de Colón.» Barbaridades que la presente edad ha rechazado como fabulosas, porque parecen superiores a la perversidad humana; y jamás serían creídas por los críticos modernos, si constantes y repetidos documentos no testificasen estas infaustas verdades. El filantrópico obispo de Chiapa, el apóstol de la América, Las Casas, ha dejado a la posteridad una breve relación de ellas, extractada de las sumarias que siguieron en Sevilla a los conquistadores, con el testimonio de cuantas personas respetables había entonces en el Nuevo Mundo, y con los procesos mismos que los tiranos se hicieron entre sí: como consta por los más sublimes historiadores de aquel tiempo. Todos los imparciales han hecho justicia al celo, verdad y virtudes de aquel amigo de la humanidad, que con tanto fervor y firmeza denunció ante su gobierno y contemporáneos los actos más horrorosos de un frenesí sanguinario.

Con cuánta emoción de gratitud leo el pasaje de la carta de usted en que me dice «que espera que los sucesos que siguieron entonces a las armas españolas, acompañen ahora a las de sus contrarios, los muy oprimidos americanos meridionales». Yo tomo esta esperanza por una predicción, si la justicia decide las contiendas de los hombres. El suceso coronará nuestros esfuerzos; porque el destino de América se ha fijado irrevocablemente: el lazo que la unía a España está cortado: la opinión era toda su fuerza; por ella se estrechaban mutuamente las partes de aquella inmensa monarquía; lo que antes las enlazaba ya las divide; más grande es el odio que nos ha inspirado la Península que el mar que nos separa de ella; menos difícil es unir los dos continentes, que reconciliar los espíritus de ambos países. El hábito a la obediencia; un comercio de intereses, de luces, de religión; una recíproca benevolencia; una tierna solicitud por la cuna y la gloria de nuestros padres; en fin, todo lo que formaba nuestra esperanza nos venía de España. De aquí nacía un principio de adhesión que parecía eterno; no obstante que la inconducta de nuestros dominadores relajaba esta simpatía; o, por mejor decir, este apego forzado por el imperio de la dominación. Al presente sucede lo contrario; la muerte, el deshonor, cuanto es nocivo, nos amenaza y tememos: todo lo sufrimos de esa desnaturalizada madrastra. El velo se ha rasgado y hemos visto la luz y se nos quiere volver a las tinieblas: se han roto las cadenas; ya hemos sido libres, y nuestros enemigos pretenden de nuevo esclavizarnos. Por lo tanto, América combate con despecho; y rara vez la desesperación no ha arrastrado tras sí la victoria.

Porque los sucesos hayan sido parciales y alternados, no debemos desconfiar de la fortuna. En unas partes triunfan los independientes, mientras que los tiranos en lugares diferentes, obtienen sus ventajas, y ¿cuál es el resultado final? ¿No está el Nuevo Mundo entero, conmovido y armado para su defensa? Echemos una ojeada y observaremos una lucha simultánea en la misma extensión de este hemisferio.

El belicoso estado de las provincias del Río de la Plata ha purgado su territorio y conducido sus armas vencedoras al Alto Perú, conmoviendo a Arequipa, e inquietado a los realistas de Lima. Cerca de un millón de habitantes disfruta allí de su libertad.

El reino de Chile, poblado de ochocientas mil almas, está lidiando contra sus enemigos que pretenden dominarlo; pero en vano, porque los que antes pusieron un término a sus conquistas, los indómitos y libres araucanos, son sus vecinos y compatriotas; y su ejemplo sublime es suficiente para probarles, que el pueblo que ama su independencia, por fin la logra.

El virreinato del Perú, cuya población asciende a millón y medio de habitantes, es, sin duda, el más sumiso y al que más sacrificios se le han arrancado para la causa del rey, y bien que sean vanas las relaciones concernientes a aquella porción de América, es indubitable que ni está tranquila, ni es capaz de oponerse al torrente que amenaza a las más de sus provincias.

La Nueva Granada que es, por decirlo así, el corazón de la América, obedece a un gobierno general, exceptuando el reino de Quito que con la mayor dificultad contienen sus enemigos, por ser fuertemente adicto a la causa de su patria; y las provincias de Panamá y Santa Marta que sufren, no sin dolor, la tiranía de sus señores. Dos millones y medio de habitantes están esparcidos en aquel territorio que actualmente defienden contra el ejército español bajo el general Morillo, que es verosímil sucumba delante de la inexpugnable plaza de Cartagena. Mas si la tomare será a costa de grandes pérdidas, y desde luego carecerá de fuerzas bastantes para subyugar a los morigeros y bravos moradores del interior.

En cuanto a la heroica y desdichada Venezuela sus acontecimientos han sido tan rápidos y sus devastaciones tales, que casi la han reducido a una absoluta indigencia a una soledad espantosa; no obstante que era uno de los más bellos países de cuantos hacían el orgullo de América. Sus tiranos gobiernan un desierto, y solo oprimen a tristes restos que, escapados de la muerte, alimentan una precaria existencia; algunas mujeres, niños y ancianos son los que quedan. Los más de los hombres han perecido por no ser esclavos, y los que viven, combaten con furor, en los campos y en los pueblos internos hasta expirar o arrojar al mar a los que insaciables de sangre y de crímenes, rivalizan con los primeros monstruos que hicieron desaparecer de la América a su raza primitiva. Cerca de un millón de habitantes se contaba en Venezuela y sin exageración se puede conjeturar que una cuarta parte ha sido sacrificada por la tierra, la espada, el hambre, la peste, las peregrinaciones; excepto el terremoto, todos resultados de la guerra.

En Nueva España había en 1808, según nos refiere el barón de Humboldt, siete millones ochocientas mil almas con inclusión de Guatemala. Desde aquella época, la insurrección que ha agitado a casi todas sus provincias, ha hecho disminuir sensiblemente aquel cómputo que parece exacto; pues más de un millón de hombres han perecido, como lo podrá usted ver en la exposición de mister Walton que describe con fidelidad los sanguinarios crímenes cometidos en aquel opulento imperio. Allí la lucha se mantiene a fuerza de sacrificios humanos y de todas especies, pues nada ahorran los españoles con tal que logren someter a los que han tenido la desgracia de nacer en este suelo, que parece destinado a empaparse con la sangre de sus hijos. A pesar de todo, los mexicanos serán libres, porque han abrazado el partido de la patria, con la resolución de vengar a sus pasados, o seguirlos al sepulcro. Ya ellos dicen con Reynal: «llegó el tiempo en fin, de pagar a los españoles suplicios con suplicios y de ahogar a esa raza de exterminadores en su sangre o en el mar».

Las islas de Puerto Rico y Cuba, que entre ambas pueden formar una población de setecientas a ochocientas mil almas, son las que más tranquilamente poseen los españoles, porque están fuera del contacto de los independientes. Mas ¿no son americanos estos insulares? ¿No son vejados? ¿No desearán su bienestar?

Este cuadro representa una escala militar de dos mil leguas de longitud y novecientas de latitud en su mayor extensión en que dieciséis millones de americanos defienden sus derechos, o están comprimidos por la nación española que aunque fue en algún tiempo el más vasto imperio del mundo, sus restos son ahora impotentes para dominar el nuevo hemisferio y hasta para mantenerse en el antiguo. ¿Y la Europa civilizada, comerciante y amante de la libertad permite que una vieja serpiente por solo satisfacer su saña envenenada, devore la más bella parte de nuestro globo? ¡Qué! ¿Está Europa sorda al clamor de su propio interés? ¿No tiene ya ojos para ver la justicia? ¿Tanto se ha endurecido para ser de este modo insensible? Estas cuestiones cuanto más las medito, más me confunden; llego a pensar que se aspira a que desaparezca la América, pero es imposible porque toda Europa no es España. ¡Qué demencia la de nuestra enemiga, pretender reconquistar América, sin marina, sin tesoros y casi sin soldados! Pues los que tiene, apenas son bastantes para retener a su propio pueblo en una violenta obediencia, y defenderse de sus vecinos. Por otra parte, ¿podrá esta nación hacer el comercio exclusivo de la mitad del mundo sin manufacturas? ¿Sin producciones territoriales, sin artes, sin ciencias, sin política? Lograda que fuese esta loca empresa, y suponiendo más, aun lograda la pacificación, los hijos de los actuales americanos únicos con los de los europeos reconquistadores, ¿no volverían a formar dentro de veinte años los mismos patrióticos designios que ahora se están combatiendo?

Europa haría un bien a España en disuadirla de su obstinada temeridad, porque a lo menos le ahorrará los gastos que expende, y la sangre que derrama; a fin de que fijando su atención en sus propios recintos, fundase su prosperidad y poder sobre bases más sólidas que las de inciertas conquistas, un comercio precario y exacciones violentas en pueblos remotos, enemigos y poderosos. Europa misma por miras de sana política debería haber preparado y ejecutado el proyecto de la independencia americana, no solo porque el equilibrio del mundo así lo exige, sino porque éste es el medio legítimo y seguro de adquirirse establecimientos ultramarinos de comercio. Europa que no se halla agitada por las violentas pasiones de la venganza, ambición y codicia, como España, parece que estaba autorizada por todas las leyes de la equidad a ilustrarla sobre sus bien entendidos intereses.

Cuantos escritores han tratado la materia se acordaban en esta parte. En consecuencia, nosotros esperábamos con razón que todas las naciones cultas se apresurarían a auxiliarnos, para que adquiriésemos un bien cuyas ventajas son recíprocas a entrambos hemisferios. Sin embargo, ¡cuán frustradas esperanzas! No solo los europeos, pero hasta nuestros hermanos del Norte se han mantenido inmóviles espectadores de esta contienda, que por su esencia es la más justa, y por sus resultados la más bella e importante de cuantas se han suscitado en los siglos antiguos y modernos, ¿porque hasta dónde se puede calcular la trascendencia de la libertad en el hemisferio de Colón?

«La felonía con que Bonaparte —dice usted— prendió a Carlos IV y a Fernando VII, reyes de esta nación, que tres siglos la aprisionó con traición a dos monarcas de la América meridional, es un acto manifiesto de retribución divina y, al mismo tiempo, una prueba de que Dios sostiene la justa causa de los americanos, y les concederá su independencia.»

Parece que usted quiere aludir al monarca de México Moctezuma, preso por Cortés y muerto, según Herrera, por el mismo, aunque Solís dice que por el pueblo, y a Atahualpa, inca del Perú, destruido por Francisco Pizarro y Diego Almagro. Existe tal diferencia entre la suerte de los reyes españoles y los reyes americanos, que no admiten comparación; los primeros son tratados con dignidad, conservados, y al fin recobran su libertad y trono; mientras que los últimos sufren tormentos inauditos y los vilipendios más vergonzosos. Si a Guatimozín sucesor de Moctezuma, se le trata como emperador, y le ponen la corona, fue por irrisión y no por respeto, para que experimentase este escarnio antes que las torturas. Iguales a la suerte de este monarca fueron las del rey de Michoacán, Catzontzin; el Zipa de Bogotá, y cuantos Toquis, Imas, Zipas, Ulmenes, Caciques y demás dignidades indianas sucumbieron al poder español. El suceso de Fernando VII es más semejante al que tuvo lugar en Chile en 1535 con el Ulmén de Copiapó, entonces reinante en aquella comarca. El español Almagro pretextó, como Bonaparte, tomar partido por la causa del legítimo soberano y, en consecuencia, llama al usurpador, como Fernando lo era en España; aparenta restituir al legítimo a sus Estados y termina por encadenar y echar a las llamas al infeliz Ulmén, sin querer ni aún oír su defensa. Este es el ejemplo de Fernando VII con su usurpador; los reyes europeos solo padecen destierros, el Ulmén de Chile termina su vida de un modo atroz.

«Después de algunos meses —añade usted— he hecho muchas reflexiones sobre la situación de los americanos y sus esperanzas futuras; tomo grande interés en sus sucesos; pero me faltan muchos informes relativos a su estado actual y a lo que ellos aspiran; deseo infinitamente saber la política de cada provincia como también su población; si desean repúblicas o monarquías, si formarán una gran república o una gran monarquía. Toda noticia de esta especie que usted pueda darme o indicarme las fuentes a que debo ocurrir, la estimaré como un favor muy particular.»

Siempre las almas generosas se interesan en la suerte de un pueblo que se esmera por recobrar los derechos con que el Creador y la naturaleza le han dotado; y es necesario estar bien fascinado por el error o por las pasiones para no abrigar esta noble sensación; usted ha pensado en mi país, y se interesa por él, este acto de benevolencia me inspira el más vivo reconocimiento.

He dicho la población que se calcula por datos más o menos exactos, que mil circunstancias hacen fallidos, sin que sea fácil remediar esta inexactitud, porque los más de los moradores tienen habitaciones campestres, y muchas veces errantes; siendo labradores, pastores, nómadas, perdidos en medio de espesos e inmensos bosques, llanuras solitarias, y aislados entre lagos y ríos caudalosos. ¿Quién será capaz de formar una estadística completa de semejantes comarcas? Además, los tributos que pagan los indígenas; las penalidades de los esclavos; las primicias, diezmos y derechos que pesan sobre los labradores, y otros accidentes alejan de sus hogares a los pobres americanos. Esto sin hacer mención de la guerra de exterminio que ya ha segado cerca de un octavo de la población, y ha ahuyentado una gran parte; pues entonces las dificultades son insuperables y el empadronamiento vendrá a reducirse a la mitad del verdadero censo.

Todavía es más difícil presentir la suerte futura del Nuevo Mundo, establecer principios sobre su política, y casi profetizar la naturaleza del gobierno que llegará a adoptar. Toda idea relativa al porvenir de este país me parece aventurada. ¿Se puede prever cuando el género humano se hallaba en su infancia rodeado de tanta incertidumbre, ignorancia y error, cuál sería el régimen que abrazaría para su conservación? ¿Quién se habría atrevido a decir tal nación será república o monarquía, ésta será pequeña, aquélla grande? En mi concepto, esta es la imagen de nuestra situación. Nosotros somos un pequeño género humano; poseemos un mundo aparte, cercado por dilatados mares; nuevos en casi todas las artes y ciencias, aunque en cierto modo viejos en los usos de la sociedad civil. Yo considero el estado actual de América, como cuando desplomado el Imperio Romano cada desmembración formó un sistema político, conforme a sus intereses y situación, o siguiendo la ambición particular de algunos jefes, familias o corporaciones, con esta notable diferencia, que aquellos miembros dispersos volvían a restablecer sus antiguas naciones con las alteraciones que exigían las cosas o los sucesos; mas nosotros, que apenas conservamos vestigios de lo que en otro tiempo fue, y que por otra parte no somos indios, ni europeos, sino una especie mezcla entre los legítimos propietarios del país y los usurpadores españoles; en suma, siendo nosotros americanos por nacimiento, y nuestros derechos los de Europa, tenemos que disputar a éstos a los del país, y que mantenernos en él contra la invasión de los invasores; así nos hallamos en el caso más extraordinario y complicado. No obstante que es una especie de adivinación indicar cuál será el resultado de la línea de política que América siga, me atrevo aventurar algunas conjeturas que, desde luego, caracterizo de arbitrarias, dictadas por un deseo racional, y no por un raciocinio probable.

La posición de los moradores del hemisferio americano, ha sido por siglos puramente pasiva; su existencia política era nula. Nosotros estábamos en un grado todavía más abajo de la servidumbre y, por lo mismo, con más dificultad para elevarnos al goce de la libertad. Permítame usted estas consideraciones para elevar la cuestión. Los Estados son esclavos por la naturaleza de su Constitución o por el abuso de ella; luego un pueblo es esclavo, cuando el Gobierno por su esencia o por sus vicios, holla y usurpa los derechos del ciudadano o súbdito. Aplicando estos principios, hallaremos que América no solamente estaba privada de su libertad, sino también de la tiranía activa y dominante. Me explicaré. En las administraciones absolutas no se reconocen límites en el ejercicio de las facultades gubernativas: la voluntad del gran sultán, Kan, Bey y demás soberanos despóticos, es la ley suprema, y ésta, es casi arbitrariamente ejecutada por los bajáes, kanes y sátrapas subalternos de Turquía y Persia, que tienen organizada una opresión de que participan los súbditos en razón de la autoridad que se les confía. A ellos está encargada la administración civil, militar, política, de rentas, y la religión. Pero al fin son persas los jefes de Ispahán, son turcos los visires del gran señor, son tártaros los sultanes de la Tartaria. China no envía a buscar mandarines, militares y letrados al país de Gengis Kan que la conquistó, a pesar de que los actuales chinos son descendientes directos de los subyugados por los ascendientes de los presentes tártaros.

¡Cuán diferente entre nosotros! Se nos vejaba con una conducta que, además de privarnos de los derechos que nos correspondían, nos dejaba en una especie de infancia permanente, con respecto a las transacciones públicas. Si hubiésemos siquiera manejado nuestros asuntos domésticos en nuestra administración interior, conoceríamos el curso de los negocios públicos y su mecanismo, moraríamos también de la consideración personal que impone a los ojos del pueblo cierto respeto maquinal que es tan necesario conservar en las revoluciones. He aquí por qué he dicho que estábamos privados hasta de la tiranía activa, pues que no nos está permitido ejercer sus funciones.

Los americanos en el sistema español que está en vigor, y quizá con mayor fuerza que nunca, no ocupan otro lugar en la sociedad que el de siervos propios para el trabajo y, cuando más, el de simples consumidores; y aun esta parte coartada con restricciones chocantes; tales son las prohibiciones del cultivo de frutos de Europa, el estanco de las producciones que el rey monopoliza, el impedimento de las fábricas que la misma Península no posee, los privilegios exclusivos del comercio hasta de los objetos de primera necesidad; las trabas entre provincias y provincias americanas para que no se traten, entiendan, ni negocien; en fin, ¿quiere usted saber cuál era nuestro destino? Los campos para cultivar el añil, la grana, el café, la caña, el cacao y el algodón; las llanuras solitarias para criar ganados, los desiertos para cazar las bestias feroces, las entrañas de la tierra para excavar el oro que no puede saciar a esa nación avarienta.

Tan negativo era nuestro estado que no encuentro semejante en ninguna otra asociación civilizada, por más que recorro la serie de las edades y la política de todas las naciones. Pretender que un país tan felizmente constituido, extenso, rico y populoso sea meramente pasivo, ¿no es un ultraje y una violación de los derechos de la humanidad?

Estábamos, como acabo de exponer, abstraídos y, digámoslo así, ausentes del universo en cuanto es relativo a la ciencia del gobierno y administración del Estado. Jamás éramos virreyes ni gobernadores sino por causas muy extraordinarias; arzobispos y obispos pocas veces; diplomáticos nunca; militares solo en calidad de subalternos; nobles, sin privilegios reales; no éramos, en fin, ni magistrados ni financistas, y casi ni aun comerciantes; todo en contravención directa de nuestras instituciones.

El emperador Carlos V formó un pacto con los descubridores, conquistadores y pobladores de América que, como dice Guerra, es nuestro contrato social. Los reyes de España convinieron solemnemente con ellos que lo ejecutasen por su cuenta y riesgo, prohibiéndoles hacerlo a costa de la real hacienda, y por esta razón se les concedía que fuesen señores de la tierra, que organizasen la administración y ejerciesen la judicatura en apelación; con otras muchas exenciones y privilegios que sería prolijo detallar. El rey se comprometió a no enajenar jamás las provincias americanas, como que a él no tocaba otra jurisdicción que la del alto dominio, siendo una especie de propiedad feudal la que allí tenían los conquistadores para sí y sus descendientes. Al mismo tiempo existen leyes expresas que favorecen casi exclusivamente a los naturales del país, originarios de España, en cuanto a los empleos civiles, eclesiásticos y de rentas. Por manera que con una violación manifiesta de las leyes y de los pactos subsistentes, se han visto despojar aquellos naturales de la autoridad constitucional que les daba su código.

De cuanto he referido, será fácil colegir que América no estaba preparada, para desprenderse de la metrópoli, como súbitamente sucedió por el efecto de las ilegítimas cesiones de Bayona, y por la inicua guerra que la regencia nos declaró sin derecho alguno para ello no solo por la falta de justicia, sino también de legitimidad. Sobre la naturaleza de los gobiernos españoles, sus decretos conminatorios y hostiles, y el curso entero de su desesperada conducta, hay escritos del mayor mérito en el periódico El Español, cuyo autor es el señor Blanco; y estando allí esta parte de nuestra historia muy bien tratada, me limito a indicarlo.

Los americanos han subido de repente y sin los conocimientos previos y, lo que es más sensible, sin la práctica de los negocios públicos a representar en la escena del mundo las eminentes dignidades de legisladores, magistrados, administradores del erario, diplomáticos, generales, y cuantas autoridades supremas y subalternas forman la jerarquía de un Estado organizado con regularidad.

Cuando las águilas francesas solo respetaron los muros de la ciudad de Cádiz, y con su vuelo arrollaron a los frágiles gobiernos de la Península, entonces quedamos en la orfandad. Ya antes habíamos sido entregados a la merced de un usurpador extranjero. Después, lisonjeados con la justicia que se nos debía, con esperanzas halagüeñas siempre burladas; por último, inciertos sobre nuestro destino futuro, y amenazados por la anarquía, a causa de la falta de un gobierno legítimo, justo y liberal, nos precipitamos en el caos de la revolución. En el primer momento solo se cuidó de proveer a la seguridad interior, contra los enemigos que encerraba nuestro seno. Luego se extendió a la seguridad exterior; se establecieron autoridades que sustituimos a las que acabábamos de deponer encargadas de dirigir el curso de nuestra revolución y de aprovechar la coyuntura feliz en que nos fuese posible fundar un gobierno constitucional digno del presente siglo y adecuado a nuestra situación.

Todos los nuevos gobiernos marcaron sus primeros pasos con el establecimiento de juntas populares. Éstas formaron enseguida reglamentos para la convocación de congresos que produjeron alteraciones importantes. Venezuela erigió un gobierno democrático y federal, declarando previamente los derechos del hombre, manteniendo el equilibrio de los poderes y estatuyendo leyes generales en favor de la libertad civil, de imprenta y otras; finalmente, se constituyó un gobierno independiente. La Nueva Granada siguió con uniformidad los establecimientos políticos y cuantas reformas hizo Venezuela, poniendo por base fundamental de su Constitución el sistema federal más exagerado que jamás existió; recientemente se ha mejorado con respecto al poder ejecutivo general, que ha obtenido cuantas atribuciones le corresponden. Según entiendo, Buenos Aires y Chile han seguido esta misma línea de operaciones; pero como nos hallamos a tanta distancia, los documentos son tan raros, y las noticias tan inexactas, no me animaré ni aun a bosquejar el cuadro de sus transacciones.

Los sucesos de México han sido demasiado varios, complicados, rápidos y desgraciados para que se puedan seguir en el curso de la revolución. Carecemos, además, de documentos bastante instructivos, que nos hagan capaces de juzgarlos. Los independientes de México, por lo que sabemos, dieron principio a su insurrección en septiembre de 1810, y un año después, ya tenían centralizado su gobierno en Zitácuaro, instalado allí una junta nacional bajo los auspicios de Fernando VII, en cuyo nombre se ejercían las funciones gubernativas. Por los acontecimientos de la guerra, esta junta se trasladó a diferentes lugares, y es verosímil que se haya conservado hasta estos últimos momentos, con las modificaciones que los sucesos hayan exigido. Se dice que ha creado un generalísimo o dictador que lo es el ilustre general Morelos; otros hablan del célebre general Rayón; lo cierto es que uno de estos dos grandes hombres o ambos separadamente ejercen la autoridad suprema en aquel país; y recientemente ha aparecido una Constitución para el régimen del Estado. En marzo de 1812 el gobierno residente en Zultepec, presentó un plan de paz y guerra al virrey de México concebido con la más profunda sabiduría. En él se reclamó el derecho de gentes estableciendo principios de una exactitud incontestable. Propuso la junta que la guerra se hiciese como entre hermanos y conciudadanos; pues que no debía ser más cruel que entre naciones extranjeras; que los derechos de gentes y de guerra, inviolables para los mismos infieles y bárbaros, debían serlo más para cristianos, sujetos a un soberano y a unas mismas leyes; que los prisioneros no fuesen tratados como reos de lesa majestad, ni se degollasen los que rendían las armas, sino que se mantuviesen en rehenes para canjearlos; que no se entrase a sangre y fuego en las poblaciones pacíficas, no las diezmasen ni quitasen para sacrificarlas y, concluye, que en caso de no admitirse este plan, se observarían rigurosamente las represalias. Esta negociación se trató con el más alto desprecio; no se dio respuesta a la junta nacional; las comunicaciones originales se quemaron públicamente en la plaza de México, por mano del verdugo; y la guerra de exterminio continuó por parte de los españoles con su furor acostumbrado, mientras que los mexicanos y las otras naciones americanas no la hacían, ni aun a muerte con los prisioneros de guerra que fuesen españoles. Aquí se observa que por causas de conveniencia se conservó la apariencia de sumisión al rey y aun a la Constitución de la monarquía. Parece que la junta nacional es absoluta en el ejercicio de las funciones legislativa, ejecutiva y judicial, y el número de sus miembros muy limitado.

Los acontecimientos de la tierra firme nos han probado que las instituciones perfectamente representativas no son adecuadas a nuestro carácter, costumbres y luces actuales. En Caracas el espíritu de partido tomó su origen en las sociedades, asambleas y elecciones populares; y estos partidos nos tornaron a la esclavitud. Y así como Venezuela ha sido la república americana que más se ha adelantado en sus instituciones políticas, también ha sido el más claro ejemplo de la ineficacia de la forma demócrata y federal para nuestros nacientes Estados. En Nueva Granada las excesivas facultades de los gobiernos provinciales y la falta de centralización en el general han conducido aquel precioso país al estado a que se ve reducido en el día. Por esta razón sus débiles enemigos se han conservado contra todas las probabilidades. En tanto que nuestros compatriotas no adquieran los talentos y las virtudes políticas que distinguen a nuestros hermanos del Norte, los sistemas enteramente populares, lejos de sernos favorables, temo mucho que vengan a ser nuestra ruina. Desgraciadamente, estas cualidades parecen estar muy distantes de nosotros en el grado que se requiere; y por el contrario, estamos dominados de los vicios que se contraen bajo la dirección de una nación como la española que solo ha sobresalido en fiereza, ambición, venganza y codicia.

Es más difícil, dice Montesquieu, sacar un pueblo de la servidumbre, que subyugar uno libre. Esta verdad está comprobada por los anales de todos los tiempos, que nos muestran las más de las naciones libres, sometidas al yugo, y muy pocas de las esclavas recobrar su libertad. A pesar de este convencimiento, los meridionales de este continente han manifestado el conato de conseguir instituciones liberales, y aun perfectas; sin duda, por efecto del instinto que tienen todos los hombres de aspirar a su mejor felicidad posible; la que se alcanza infaliblemente en las sociedades civiles, cuando ellas están fundadas sobre las bases de la justicia, de la libertad y de la igualdad. Pero ¿seremos nosotros capaces de mantener en su verdadero equilibrio la difícil carga de una República? ¿Se puede concebir que un pueblo recientemente desencadenado, se lance a la esfera de la libertad, sin que, como a Ícaro, se le deshagan las alas, y recaiga en el abismo? Tal prodigio es inconcebible, nunca visto. Por consiguiente, no hay un raciocinio verosímil, que nos halague con esta esperanza.

Yo deseo más que otro alguno ver formar en América la más grande nación del mundo, menos por su extensión y riquezas que por su libertad y gloria. Aunque aspiro a la perfección del gobierno de mi patria, no puedo persuadirme que el Nuevo Mundo sea por el momento regido por una gran república; como es imposible, no me atrevo a desearlo; y menos deseo aún una monarquía universal de América, porque este proyecto sin ser útil, es también imposible. Los abusos que actualmente existen no se reformarían, y nuestra regeneración sería infructuosa. Los Estados americanos han menester de los cuidados de gobiernos paternales que curen las llagas y las heridas del despotismo y la guerra. La metrópoli, por ejemplo, sería México, que es la única que puede serlo por su poder intrínseco, sin el cual no hay metrópoli. Supongamos que fuese el istmo de Panamá punto céntrico para todos los extremos de este vasto continente, ¿no continuarían éstos en la languidez, y aún en el desorden actual? Para que un solo gobierno dé vida, anime, ponga en acción todos los resortes de la prosperidad pública, corrija, ilustre y perfeccione al Nuevo Mundo sería necesario que tuviese las facultades de un Dios y, cuando menos, las luces y virtudes de todos los hombres.

El espíritu de partido que al presente agita a nuestros Estados, se encendería entonces con mayor encono, hallándose ausente la fuente del poder, que únicamente puede reprimirlo. Además, los magnates de las capitales no sufrirían la preponderancia de los metropolitanos, a quienes considerarían como a otros tantos tiranos; sus celos llegarían hasta el punto de comparar a éstos con los odiosos españoles. En fin, una monarquía semejante sería un coloso deforme, que su propio peso desplomaría a la menor convulsión.

Mr. de Pradt ha dividido sabiamente a la América en quince o diecisiete Estados independientes entre sí, gobernados por otros tantos monarcas. Estoy de acuerdo en cuanto a lo primero, pues la América comporta la creación de diecisiete naciones; en cuanto a lo segundo, aunque es más fácil conseguirla, es menos útil; y así no soy de la opinión de las monarquías americanas. He aquí mis razones. El interés bien entendido de una república se circunscribe en la esfera de su conservación, prosperidad y gloria. No ejerciendo la libertad imperio, porque es precisamente su opuesto, ningún estímulo excita a los republicanos a extender los términos de su nación, en detrimento de sus propios medios, con el único objeto de hacer participar a sus vecinos de una Constitución liberal. Ningún derecho adquieren, ninguna ventaja sacan venciéndolos, a menos que los reduzcan a colonias, conquistas o aliados, siguiendo el ejemplo de Roma. Máximas y ejemplos tales están en oposición directa con los principios de justicia de los sistemas republicanos, y aún diré más, en oposición manifiesta con los intereses de sus ciudadanos; porque un Estado demasiado extenso en sí mismo o por sus dependencias, al cabo viene en decadencia, y convierte su forma libre en otra tiránica; relaja los principios que deben conservarla, y ocurre por último al despotismo. El distintivo de las pequeñas repúblicas es la permanencia; el de las grandes es vario, pero siempre se inclina al imperio. Casi todas las primeras han tenido una larga duración; de las segundas solo Roma se mantuvo algunos siglos, pero fue porque era república la capital y no lo era el resto de sus dominios que se gobernaban por leyes e instituciones diferentes.

Muy contraria es la política de un rey, cuya inclinación constante se dirige al aumento de sus posesiones, riquezas y facultades; con razón, porque su autoridad crece con estas adquisiciones, tanto con respecto a sus vecinos, como a sus propios vasallos que temen en él un poder tan formidable cuanto es su imperio que se conserva por medio de la guerra y de las conquistas. Por estas razones pienso que los americanos ansiosos de paz, ciencias, artes, comercio y agricultura, preferirían las repúblicas a los reinos, y me parece que estos deseos se conforman con las miras de Europa.

No convengo en el sistema federal entre los populares y representativos, por ser demasiado perfecto y exigir virtudes y talentos políticos muy superiores a los nuestros; por igual razón rehuso la monarquía mixta de aristocracia y democracia que tanta fortuna y esplendor ha procurado a Inglaterra. No siéndonos posible lograr entre las repúblicas y monarquías lo más perfecto y acabado, evitemos caer en anarquías demagógicas, o en tiranías monócratas. Busquemos un medio entre extremos opuestos que nos conducirán a los mismos escollos, a la infelicidad y al deshonor. Voy a arriesgar el resultado de mis cavilaciones sobre la suerte futura de América; no la mejor, sino la que sea más asequible.

Por la naturaleza de las localidades, riquezas, población y carácter de los mexicanos, imagino que intentarán al principio establecer una república representativa, en la cual tenga grandes atribuciones el poder Ejecutivo, concentrándolo en un individuo que, si desempeña sus funciones con acierto y justicia, casi naturalmente vendrá a conservar una autoridad vitalicia. Si su incapacidad o violenta administración excita una conmoción popular que triunfe, ese mismo poder ejecutivo quizás se difundirá en una asamblea. Si el partido preponderante es militar o aristocrático, exigirá probablemente una monarquía que al principio será limitada y constitucional, y después inevitablemente declinará en absoluta; pues debemos convenir en que nada hay más difícil en el orden político que la conservación de una monarquía mixta; y también es preciso convenir en que solo un pueblo tan patriota como el inglés es capaz de contener la autoridad de un rey, y de sostener el espíritu de libertad bajo un cetro y una corona.

Los Estados del istmo de Panamá hasta Guatemala formarán quizás una asociación. Esta magnífica posición entre los dos grandes mares, podrá ser con el tiempo el emporio del universo. Sus canales acortarán las distancias del mundo: estrecharán los lazos comerciales de Europa, América y Asia; traerán a tan feliz región los tributos de las cuatro partes del globo. ¡Acaso solo allí podrá fijarse algún día la capital de la tierra! Como pretendió Constantino que fuese Bizancio la del antiguo hemisferio.

Nueva Granada se unirá con Venezuela, si llegan a convenirse en formar una república central, cuya capital sea Maracaibo o una nueva ciudad que con el nombre de Las Casas (en honor de este héroe de la filantropía), se funde entre los confines de ambos países, en el soberbio puerto de Bahía Honda. Esta posición aunque desconocida, es más ventajosa por todos respectos. Su acceso es fácil y su situación tan fuerte, que puede hacerse inexpugnable. Posee un clima puro y saludable, un territorio tan propio para la agricultura como para la cría de ganados, y una gran de abundancia de maderas de construcción. Los salvajes que la habitan serían civilizados, y nuestras posesiones se aumentarían con la adquisición de la Guajira. Esta nación se llamaría Colombia como tributo de justicia y gratitud al creador de nuestro hemisferio. Su gobierno podrá imitar al inglés; con la diferencia de que en lugar de un rey habrá un poder ejecutivo, electivo, cuando más vitalicio, y jamás hereditario si se quiere república, una cámara o senado legislativo hereditario, que en las tempestades políticas se interponga entre las olas populares y los rayos del gobierno, y un cuerpo legislativo de libre elección, sin otras restricciones que las de la Cámara Baja de Inglaterra. Esta Constitución participaría de todas las formas y yo deseo que no participe de todos los vicios. Como esta es mi patria, tengo un derecho incontestable para desearla lo que en mi opinión es mejor. Es muy posible que la Nueva Granada no convenga en el reconocimiento de un gobierno central, porque es en extremo adicta a la federación; y entonces formará por sí sola un Estado que, si subsiste, podrá ser muy dichoso por sus grandes recursos de todos géneros.

Poco sabemos de las opiniones que prevalecen en Buenos Aires, Chile y el Perú; juzgando por lo que se trasluce y por las apariencias, en Buenos Aires habrá un gobierno central en que los militares se lleven la primacía por consecuencia de sus divisiones intestinas y guerras externas. Esta Constitución degenerará necesariamente en una oligarquía, o una monocracia, con más o menos restricciones, y cuya denominación nadie puede adivinar. Sería doloroso que tal caso sucediese, porque aquellos habitantes son acreedores a la más espléndida gloria.

El reino de Chile está llamado por la naturaleza de su situación, por las costumbres inocentes y virtuosas de sus moradores, por el ejemplo de sus vecinos, los fieros republicanos del Arauco, a gozar de las bendiciones que derraman las justas y dulces leyes de una república. Si alguna permanece largo tiempo en América, me inclino a pensar que será la chilena. Jamás se ha extinguido allí el espíritu de libertad; los vicios de Europa y Asia llegarán tarde o nunca a corromper las costumbres de aquel extremo del universo. Su territorio es limitado; estará siempre fuera del contacto inficionado del resto de los hombres; no alterará sus leyes, usos y prácticas; preservará su uniformidad en opiniones políticas y religiosas; en una palabra, Chile puede ser libre.

El Perú, por el contrario, encierra dos elementos enemigos de todo régimen justo y liberal; oro y esclavos. El primero lo corrompe todo; el segundo está corrompido por sí mismo. El alma de un siervo rara vez alcanza a apreciar la sana libertad; se enfurece en los tumultos, o se humilla en las cadenas. Aunque estas reglas serían aplicables a toda la América, creo que con más justicia las merece Lima por los conceptos que he expuesto, y por la cooperación que ha prestado a sus señores contra sus propios hermanos los ilustres hijos de Quito, Chile y Buenos Aires. Es constante que el que aspira a obtener la libertad, a lo menos lo intenta. Supongo que en Lima no tolerarán los ricos la democracia, ni los esclavos y pardos libertos la aristocracia; los primeros preferirán la tiranía de uno solo, por no padecer las persecuciones tumultuarias, y por establecer un orden siquiera pacífico. Mucho hará si concibe recobrar su independencia.

De todo lo expuesto, podemos deducir estas consecuencias: las provincias americanas se hallan lidiando por emanciparse, al fin obtendrán el suceso; algunas se constituirán de un modo regular en repúblicas federales y centrales; se fundarán monarquías casi inevitablemente en las grandes secciones, y algunas serán tan infelices que devorarán sus elementos, ya en la actual, ya en las futuras revoluciones, que una gran monarquía no será fácil consolidar; una gran república imposible.

Es una idea grandiosa pretender formar de todo el mundo nuevo una sola nación con un solo vínculo que ligue sus partes entre sí y con el todo. Ya que tiene un origen, una lengua, unas costumbres y una religión debería, por consiguiente, tener un solo gobierno que confederase los diferentes Estados que hayan de formarse; mas no es posible porque climas remotos, situaciones diversas, intereses opuestos, caracteres desemejantes dividen a la América. ¡Qué bello sería que el istmo de Panamá fuese para nosotros lo que el de Corinto para los griegos! Ojalá que algún día tengamos la fortuna de instalar allí un augusto Congreso de los representantes de las repúblicas, reinos e imperios a tratar y discutir sobre los altos intereses de la paz y de la guerra, con las naciones de las otras tres partes del mundo. Esta especie de corporación podrá tener lugar en alguna época dichosa de nuestra regeneración, otra esperanza es infundada, semejante a la del abate St. Pierre que concibió el laudable delirio de reunir un Congreso europeo, para decidir de la suerte de los intereses de aquellas naciones.

«Mutuaciones importantes y felices, continuas pueden ser frecuentemente producidas por efectos individuales.» Los americanos meridionales tienen una tradición que dice: que cuando Quetzalcoatl, el Hermes, o Buda de la América del Sur resignó su administración y los abandonó, les prometió que volvería después que los siglos designados hubiesen pasado, y que él restablecería su gobierno, y renovaría su felicidad. ¿Esta tradición, no opera y excita una convicción de que muy pronto debe volver? ¡Concibe usted cuál será el efecto que producirá, si un individuo apareciendo entre ellos demostrase los caracteres de Quetzalcoatl, el Buda de bosque, o Mercurio, del cual han hablado tanto las otras naciones? ¿No cree usted que esto inclinaría todas las partes? ¿No es la unión todo lo que se necesita para ponerlos en estado de expulsar a los españoles, sus tropas, y los partidarios de la corrompida España, para hacerlos capaces de establecer un imperio poderoso, con un gobierno libre y leyes benévolas?

Pienso como usted que causas individuales pueden producir resultados generales, sobre todo en las revoluciones. Pero no es el héroe, gran profeta, o dios del Anáhuac, Quetzalcoatl, el que es capaz de operar los prodigiosos beneficios que usted propone. Este personaje es apenas conocido del pueblo mexicano y no ventajosamente; porque tal es la suerte de los vencidos aunque sean dioses. Solo los historiadores y literatos se han ocupado cuidadosamente en investigar su origen, verdadera o falsa misión, sus profecías y el término de su carrera. Se disputa si fue un apóstol de Cristo o bien pagano. Unos suponen que su nombre quiere decir Santo Tomás; otros que Culebra Emplumajada; y otros dicen que es el famoso profeta de Yucatán, Chilan-Cambal. En una palabra, los más de los autores mexicanos, polémicos e historiadores profanos, han tratado con más o menos extensión la cuestión sobre el verdadero carácter de Quetzalcoatl. El hecho es, según dice Acosta, que él establece una religión, cuyos ritos, dogmas y misterios tenían una admirable afinidad con la de Jesús, y que quizás es la más semejante a ella. No obstante esto, muchos escritores católicos han procurado alejar la idea de que este profeta fuese verdadero, sin querer reconocer en él a un Santo Tomás como lo afirman otros célebres autores. La opinión general es que Quetzalcoatl es un legislador divino entre los pueblos paganos de Anáhuac, del cual era lugarteniente el gran Moctezuma, derivando de él su autoridad. De aquí que se infiere que nuestros mexicanos no seguirían al gentil Quetzalcoatl, aunque apareciese bajo las formas más idénticas y favorables, pues que profesan una religión la más intolerante y exclusiva de las otras.

Felizmente los directores de la independencia de México se han aprovechado del fanatismo con el mejor acierto proclamando a la famosa Virgen de Guadalupe por reina de los patriotas, invocándola en todos los casos arduos y llevándola en sus banderas. Con esto, el entusiasmo político ha formado una mezcla con la religión que ha producido un fervor vehemente por la sagrada causa de la libertad. La veneración de esta imagen en México es superior a la más exaltada que pudiera inspirar el más diestro profeta.

Seguramente la unión es la que nos falta para completar la obra de nuestra regeneración. Sin embargo, nuestra división no es extraña, porque tal es el distintivo de las guerras civiles formadas generalmente entre dos partidos: conservadores y reformadores. Los primeros son, por lo común, más numerosos, porque el imperio de la costumbre produce el efecto de la obediencia a las potestades establecidas; los últimos son siempre menos numerosos aunque más vehementes e ilustrados. De este modo la masa física se equilibra con la fuerza moral, y la contienda se prolonga, siendo sus resultados muy inciertos. Por fortuna entre nosotros, la masa ha seguido a la inteligencia.

Yo diré a usted lo que puede ponernos en aptitud de expulsar a los españoles, y de fundar un gobierno libre. Es la unión, ciertamente; mas esta unión no nos vendrá por prodigios divinos, sino por efectos sensibles y esfuerzos bien dirigidos. América está encontrada entre sí, porque se halla abandonada de todas las naciones, aislada en medio del universo, sin relaciones diplomáticas ni auxilios militares y combatida por España que posee más elementos para la guerra, que cuantos furtivamente podemos adquirir.

Cuando los sucesos no están asegurados, cuando el Estado es débil, y cuando las empresas son remotas, todos los hombres vacilan; las opiniones se dividen, las pasiones las agitan y los enemigos las animan para triunfar por este fácil medio. Luego que seamos fuertes, bajo los auspicios de una nación liberal que nos preste su protección, se nos verá de acuerdo cultivar las virtudes y los talentos que conducen a la gloria; entonces seguiremos la marcha majestuosa hacia las grandes prosperidades a que está destinada la América meridional; entonces las ciencias y las artes que nacieron en el Oriente y han ilustrado a Europa, volarán a Colombia libre que las convidará con un asilo.

Tales son, señor, las observaciones y pensamientos que tengo el honor de someter a usted para que los rectifique o deseche según su mérito; suplicándole se persuada que me he atrevido a exponerlos, más por no ser descortés, que porque me crea capaz de ilustrar a usted en la materia.

Soy de usted, etc., etc.

Kingston, 6 de septiembre de 1815

Libros a la carta

A la carta es un servicio especializado para
empresas,
librerías,
bibliotecas,
editoriales
y centros de enseñanza;
y permite confeccionar libros que, por su formato y concepción, sirven a los propósitos más específicos de estas instituciones.

Las empresas nos encargan ediciones personalizadas para marketing editorial o para regalos institucionales. Y los interesados solicitan, a título personal, ediciones antiguas, o no disponibles en el mercado; y las acompañan con notas y comentarios críticos.

Las ediciones tienen como apoyo un libro de estilo con todo tipo de referencias sobre los criterios de tratamiento tipográfico aplicados a nuestros libros que puede ser consultado en Linkgua-ediciones.com.

Linkgua edita por encargo diferentes versiones de una misma obra con distintos tratamientos ortotipográficos (actualizaciones de carácter divulgativo de un clásico, o versiones estrictamente fieles a la edición original de referencia).

Este servicio de ediciones a la carta le permitirá, si usted se dedica a la enseñanza, tener una forma de hacer pública su interpretación de un texto y, sobre una versión digitalizada «base», usted podrá introducir interpretaciones del texto fuente. Es un tópico que los profesores denuncien en clase los desmanes de una edición, o vayan comentando errores de interpretación de un texto y esta es una solución útil a esa necesidad del mundo académico.

Asimismo publicamos de manera sistemática, en un mismo catálogo, tesis doctorales y actas de congresos académicos, que son distribuidas a través de nuestra Web.

El servicio de «libros a la carta» funciona de dos formas.

1. Tenemos un fondo de libros digitalizados que usted puede personalizar en tiradas de al menos cinco ejemplares. Estas personalizaciones pueden ser de todo tipo: añadir notas de clase para uso de un grupo de estudiantes, introducir logos corporativos para uso con fines de marketing empresarial, etc. etc.

2. Buscamos libros descatalogados de otras editoriales y los reeditamos en tiradas cortas a petición de un cliente.

www.ingramcontent.com/pod-product-compliance
Lightning Source LLC
LaVergne TN
LVHW101934220826
846093LV00009B/454
* 9 7 8 8 4 9 0 0 7 9 5 1 5 *

9 788490 079515